कोविड-१९ क्या है?

अलेक्सिस रूमानिस

और पुस्तकों को यहाँ देखें:
WWW.ENGAGEBOOKS.COM

वैंकूवर, बी.सी.

e WWW.ENGAGEBOOKS.COM

What Is COVID-19? Level 1
Roumanis, Alexis 1982 –
Text © 2020 Engage Books
Design © 2020 Engage Books

Edited by Jared Siemens
Cover design by: A.R. Roumanis

Text set in Adobe Devanagari Bold.
Chapter headings set in Arial Black.

FIRST EDITION / FIRST PRINTING

LIBRARY AND ARCHIVES CANADA CATALOGUING IN PUBLICATION

Title: Chovid-19 kya hai? star 1 / Alexis Roumanis.
Other titles: What is COVID-19? Level 1 reader. Hindi
Names: Roumanis, Alexis, author.
Description: Translation of: What is COVID-19? Level 1 reader.

Identifiers: Canadiana (print) 20200234528 | Canadiana (ebook) 20200234536
ISBN 978-1-77437-332-3 (hardcover). –
ISBN 978-1-77437-333-0 (softcover). –
ISBN 978-1-77437-334-7 (pdf). –
ISBN 978-1-77437-335-4 (epub). –
ISBN 978-1-77437-336-1 (kindle)

Subjects:
LCSH: COVID-19 (Disease)—Juvenile literature.
LCSH: LCSH: COVID-19 (Disease)—Prevention—Juvenile literature.
LCSH: Coronavirus infections—Juvenile literature.

Classification: LCC RA644.C68 R68156 2020 | DDC J614.5/92—DC23

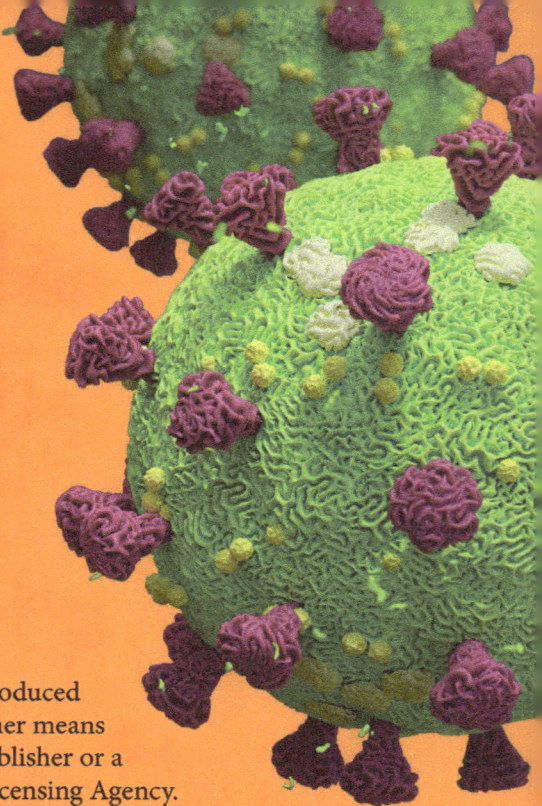

विषय-सूची

वायरस क्या है?

वायरस एक छोटा रोगाणु है।

वायरस दूसरे प्राणियों के अंदर जीवित रह सकता है।

कोविड-१९ क्या है?

कोविड-१९ एक तरह का वायरस है।

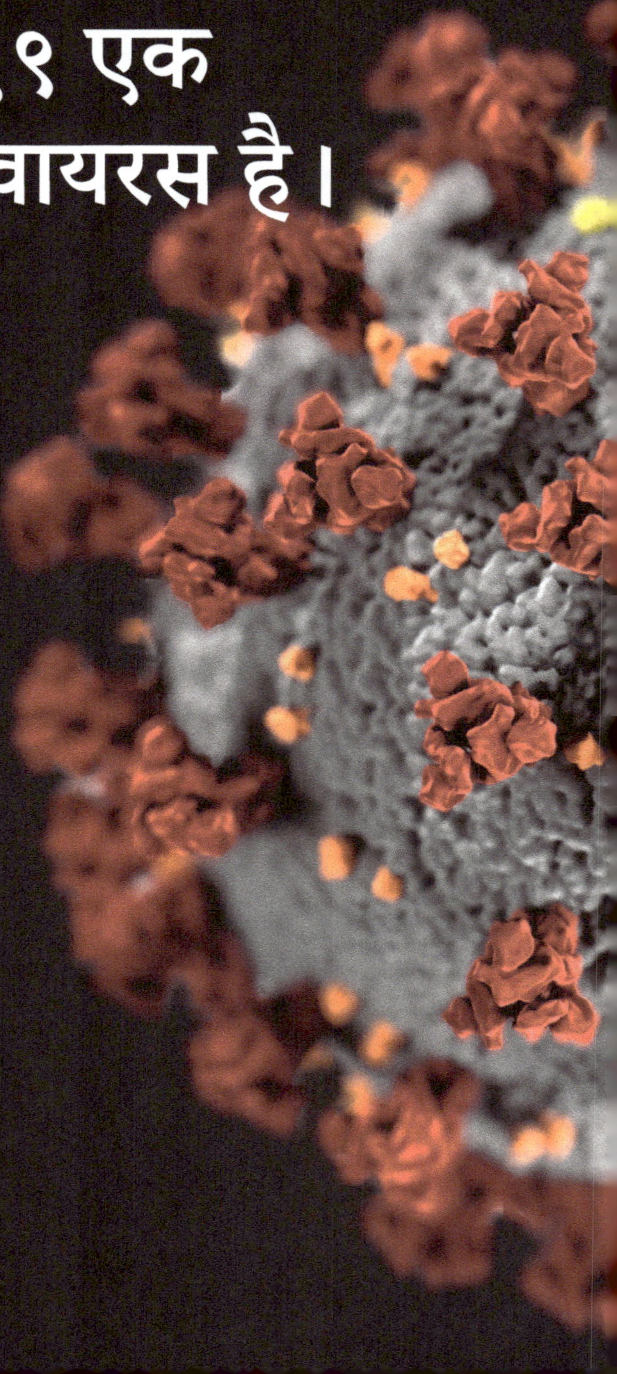

यह वायरस लोगों के अंदर जीवित रह सकता है।

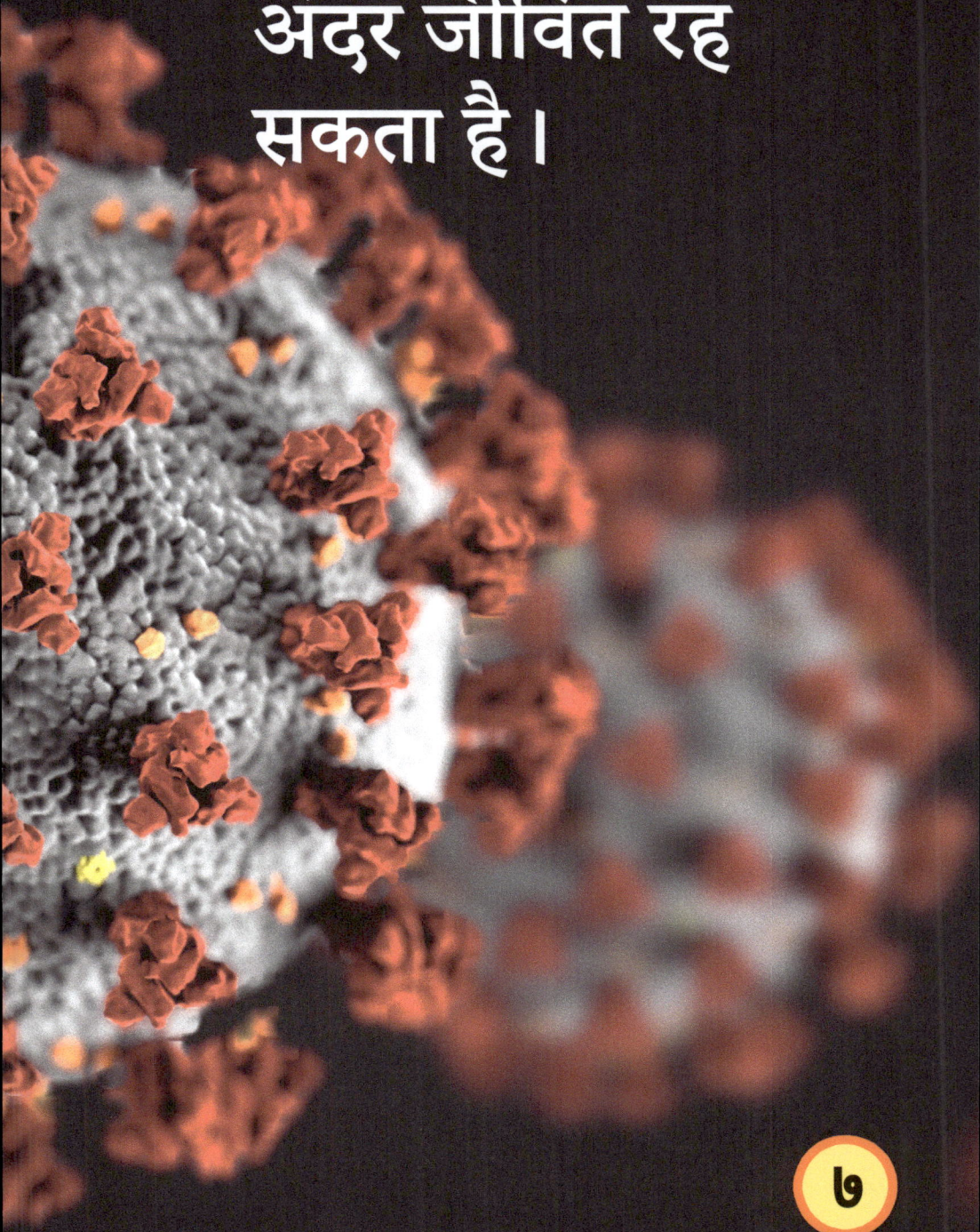

कोविड-१९ की वजह से लोगों को कैसा महसूस होता है?

कोविड-१९ की वजह से लोगों को बीमार महसूस हो सकता है।

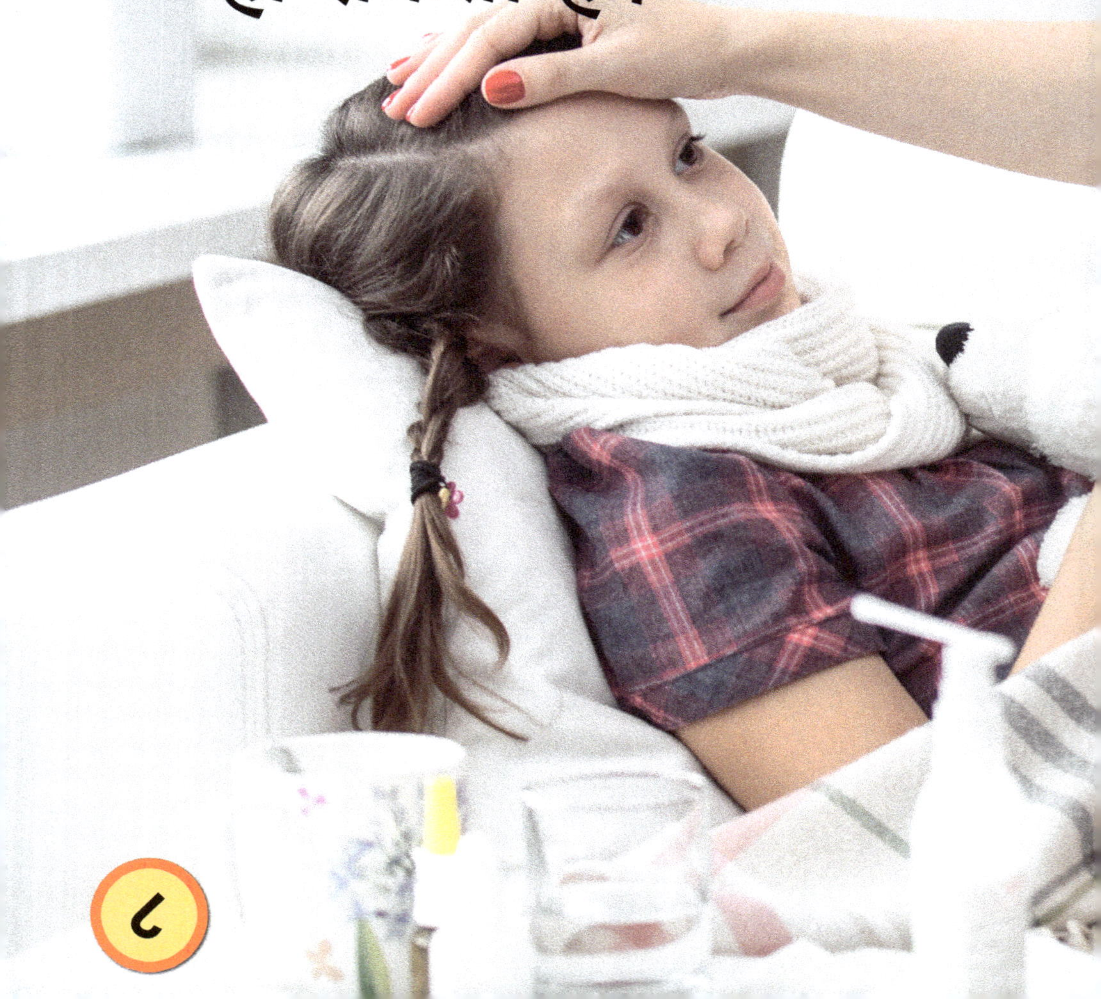

लोगों को खांसी हो सकती है या बुखार हो सकता है।

कुछ लोगों को सांस लेने में मुश्किल होती है।

कोविड-१९ कैसे फैलता है?

कोविड-१९ लोगों को दूसरों से फैल सकता है।

यह वायरस उन चीजों पर भी ज़िंदा रह सकता है जो दूसरे लोग छूते हैं।

कोविड-१९ को फैलने से कैसे रोकें?

अपनी आँखें, नाक या मुंह को न छुएं।

सुरक्षित रहने के लिए, अपने हाथों को साबुन से धोएं।

१२

अपनी कोहनी में छींकें या खांसें

अपने खाने या पीने की चीज़ों को दूसरों को न दें

१३

कोविड-१९ बड़ों पर कैसे असर करता है

बूढ़े लोगों के लिए वायरस से लड़ना अक्सर मुश्किल होता है।

१४

कोविड-१९ की वजह से बड़े लोग बहुत बीमार हो सकते हैं।

कोविड-१९ बच्चों पर कैसे असर करता है

कोविड-१९ की वजह से बच्चे अक्सर बीमार नहीं होते।

लेकिन यह वायरस बच्चों से दूसरे लोगों में फ़ैल सकता है।

लोगों से दूर रहना

आप कोविड-१९ को रोकने में मदद कर सकते हैं।

सबसे अच्छा तरीका है कि आप लोगों से दूर रहें।

डॉक्टरों का कहना है कि २ मीटर (६ फीट) एक सुरक्षित दूरी है।

घर पर रहना

कई लोग अपने परिवारों के साथ घर पर रह रहे हैं।

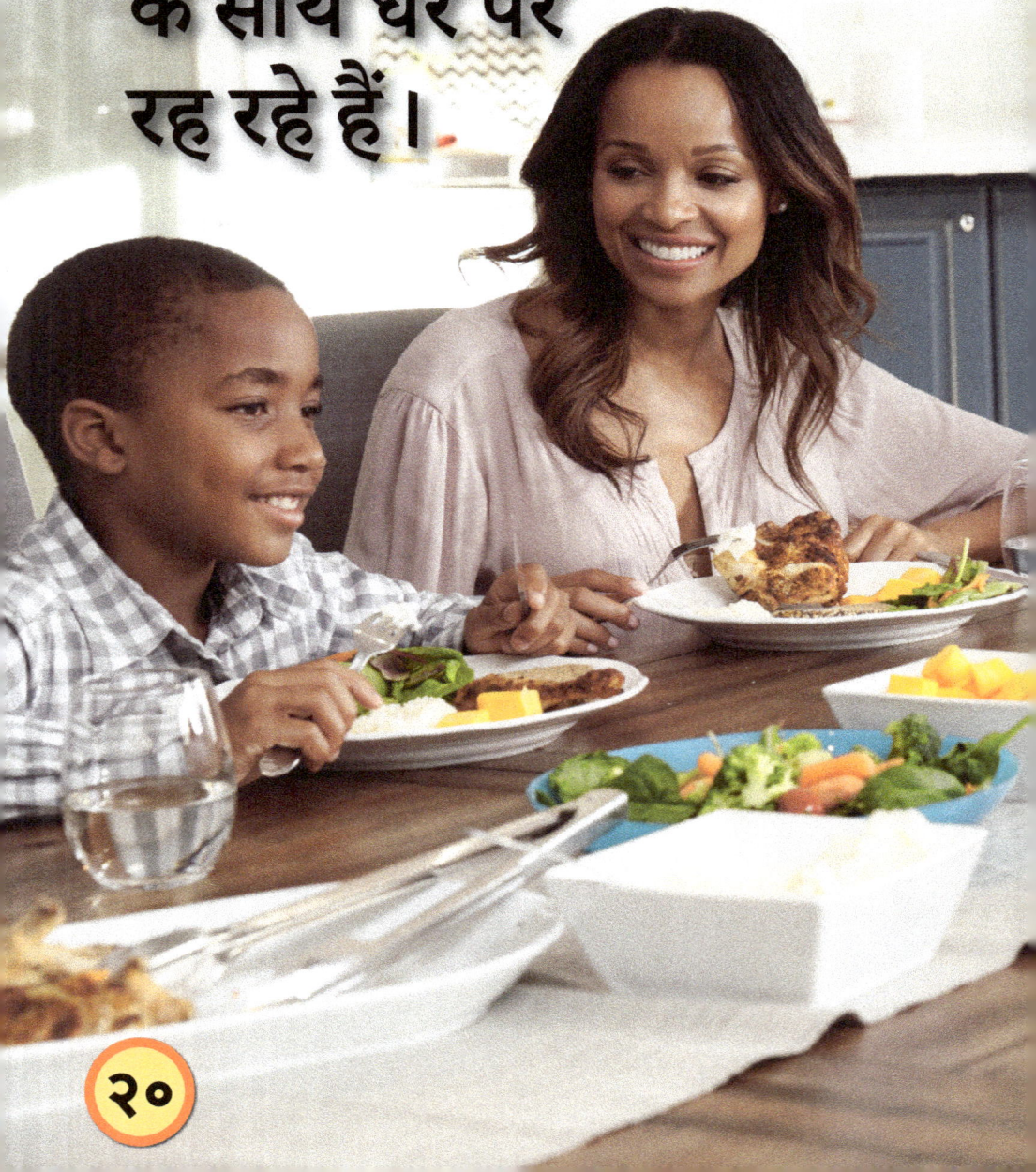

यह सभी को सुरक्षित रखने में मदद करता है।

अस्पतालों की मदद करना

घर पर रहना अस्पतालों में मरीज़ों की गिनती बढ़ने से रोक सकता है।

इससे डॉक्टरों और नर्सों को बीमार लोगों का ध्यान रखने में मदद मिलती है।

टीका क्या है?

वैज्ञानिक और डॉक्टर कोविड-१९ के लिए दवा बना रहे हैं।

इस दवा को टीका कहा जाता है।

वे लगभग १८ महीनों में कोविड-१९ के लिए एक टीका बनाने की उम्मीद करते हैं।

स्कूल जाना

कई बच्चे घर से स्कूल कर रहे हैं। इससे आपके शिक्षक और दूसरे बच्चे स्वस्थ रहते हैं।

सभी को स्वस्थ रखने के लिए आपका यह करना ज़रूरी है।

अपने हाथ कैसे धोएं

कोविड-१९ से सुरक्षित रहने के लिए, आपको अक्सर अपने हाथ धोने चाहिए। शायद आपने किसी ऐसी चीज को छुआ हो जिसे दूसरों ने भी छुआ है। यह एक डोर हैंडल, रेलिंग या काउंटर टॉप हो सकता है। अपनी आँखें, नाक या मुंह को कभी न छुएं। इस तरह कोविड-१९ शरीर में घुसता है। साबुन से कम से कम २० सेकंड के लिए अपने हाथों को धोना कोविड-१९ वायरस को मार सकता है।

१. साबुन का इस्तेमाल करें

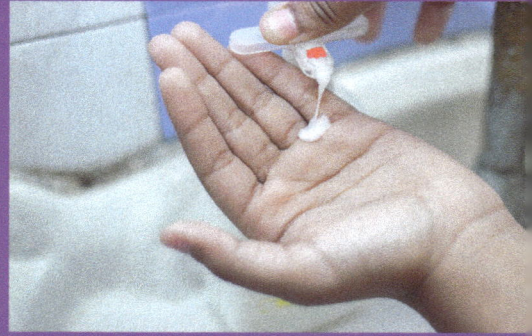

२. हथेलियाँ धोएं

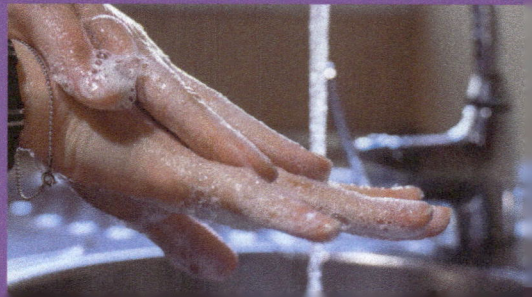

३. हाथों को दोनों तरफ से धोएं

२८

४. उँगलियों के बीच में धोएं

५. अंगूठों को धोएं

६. हाथों के नाखूनों को धोएं

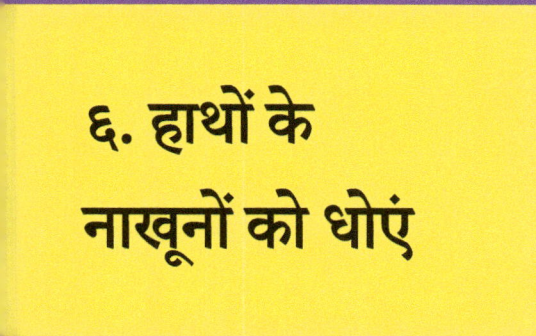

७. हाथों को पानी से धोएं

८. हाथों को सुखाएं

२९

प्रश्नोत्तर

नीचे लिखे सवालों के जवाब देकर कोविड-१९ के बारे में अपनी जानकारी को जांचिए। ये सवाल इस पुस्तक में आपके द्वारा पढ़ी गई बातों पर हैं। जवाब अगले पेज के नीचे दिए गए हैं।

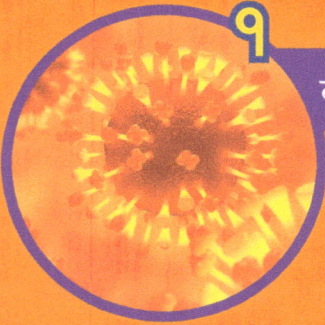

१ वायरस कहाँ जीवित रह सकता है?

२ किन लोगों के लिए कोविड-१९ से लड़ना मुश्किल है?

३ क्या बच्चों से कोविड-१९ वायरस फ़ैल सकता है?

४ लोगों को दूसरों से कितनी दूर रहना चाहिए?

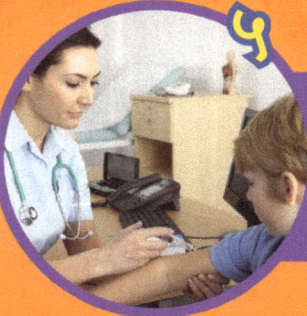

५ किस तरह की दवा कोविड-१९ को रोक सकती है?

६ कितनी देर तक लोगों को साबुन से हाथ धोना चाहिए?

कोविड-१९ सीरीज़ की और किताबों को यहाँ देखें!

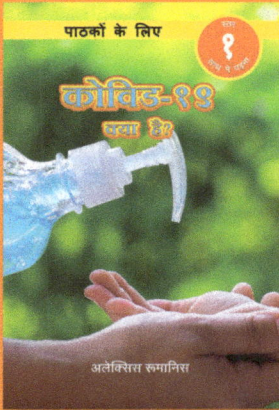

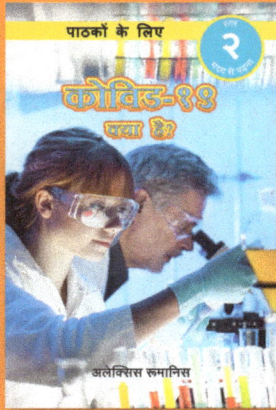

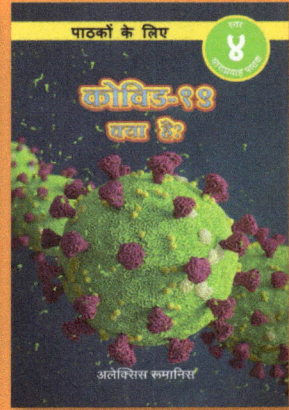

पाठकों अन्य पुस्तकें पढ़ने के लिए जाइये:

www.engagebooks.com

लेखक के बारे में

अलेक्सिस रूमानिस की ग्रेजुएशन २००९ में साइमन फ्रेजर युनिवर्सिटी के पब्लिशिंग प्रोग्राम से हुई। तब से उन्होंने सैकड़ों बच्चों की पुस्तकों को एडिट किया है, और १०० से ज्यादा शैक्षिक किताबें लिखी हैं। उनके पाठकों में ग्रेड K-12 के साथ-साथ विश्वविद्यालय के छात्र भी शामिल हैं। अलेक्सिस अपनी पत्नी और तीन बेटों के साथ ब्रिटिश कोलंबिया, कनाडा में रहते हैं। उनको घूमना, किताबें पढ़ना, और नई चीजें सीखने का शौक है।

उत्तर:
१. प्राणियों के अंदर २. बूढ़े लोगों के लिए ३. हाँ ४. २ मीटर/६ फीट
५. टीका ६. कम से कम २० सेकंड

www.ingramcontent.com/pod-product-compliance
Lightning Source LLC
Chambersburg PA
CBHW051241020426
42331CB00016B/3482